똑똑교양 6

왜지? 끌려! 우리를 혹하게 만드는 광고와 마케팅의 마법

글 캐리 슈타인만, 로라 시몽 | 그림 엘리나 브라스리냐 | 옮김 박종대 | 추천 옥효진
초판 1쇄 발행 2022년 9월 15일 | 초판 2쇄 발행 2025년 4월 22일
ISBN 979-11-5836-368-0, 979-11-5836-206-5(세트)

펴낸이 임선희 | 펴낸곳 ㈜책읽는곰 | 출판등록 제2017-000301호 | 주소 서울시 마포구 성지길 48
전화 02-332-2672~3 | 팩스 02-338-2672 | 홈페이지 www.bearbooks.co.kr
전자우편 bear@bearbooks.co.kr | SNS Instagram@bearbooks_publishers | 편집 우지영, 우진영,
이다정, 최아라, 박혜진, 김다예, 윤주영, 도아라, 홍은채 | 디자인 강효진, 김은지, 강연지, 윤금비
마케팅 정승호, 배현석, 김선아, 이서윤, 백경희, 김현정 | 경영관리 고성림, 이민종 | 저작권 민유리
협력 업체 이피에스, 두성피앤엘, 월드페이퍼, 원방드라이보드, 해인문화사, 으뜸래핑, 문화유통북스

The original German edition was published as "Ting! Wie Marketing die Welt verführt"
Copyright © 2020 Helvetiq (RedCut Sàrl), Bâle et Lausanne (www.helvetiq.com)
All rights reserved.
Korean Translation copyright © 2022 Bear Books Inc.
This Korean edition is published by arrangement with Greenbook Literary Agency,
Seoul, South Korea. All rights reserved.

이 책의 한국어판 저작권과 판권은 저작권에이전시 그린북을 통한 저작권자와의 독점 계약으로 ㈜책읽는곰에 있습니다.
저작권법에 의해 한국 내에서 보호를 받는 저작물이므로 무단 전재와 무단 복제, 전송, 배포 등을 금합니다.

KC마크는 이 제품이 공통안전기준에 적합하였음을 의미합니다.
제조국 : 대한민국 | 사용 연령 : 3세 이상
책 모서리에 부딪히거나 종이에 베이지 않도록 주의해 주세요.

캐리 슈타인만, 로라 시몽 글 | 엘리나 브라스리냐 그림 | 박종대 옮김

우리를 혹하게 만드는
광고와 마케팅의 마법

"별것 아닌 물건이
적절한 광고로 대단해진다."
마크 트웨인

차례

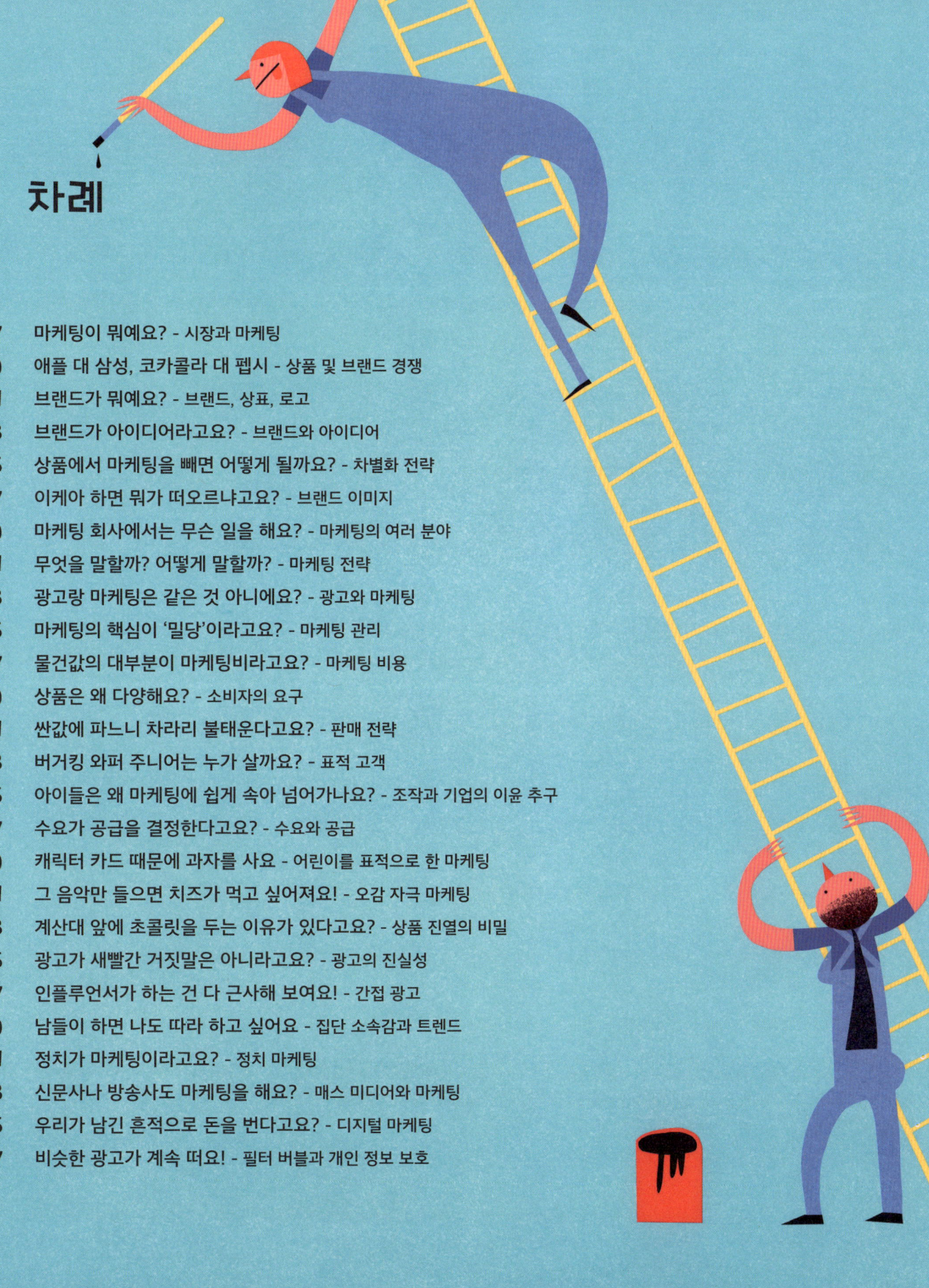

6~7	마케팅이 뭐예요? - 시장과 마케팅
8~9	애플 대 삼성, 코카콜라 대 펩시 - 상품 및 브랜드 경쟁
10~11	브랜드가 뭐예요? - 브랜드, 상표, 로고
12~13	브랜드가 아이디어라고요? - 브랜드와 아이디어
14~15	상품에서 마케팅을 빼면 어떻게 될까요? - 차별화 전략
16~17	이케아 하면 뭐가 떠오르냐고요? - 브랜드 이미지
18~19	마케팅 회사에서는 무슨 일을 해요? - 마케팅의 여러 분야
20~21	무엇을 말할까? 어떻게 말할까? - 마케팅 전략
22~23	광고랑 마케팅은 같은 것 아니에요? - 광고와 마케팅
24~25	마케팅의 핵심이 '밀당'이라고요? - 마케팅 관리
26~27	물건값의 대부분이 마케팅비라고요? - 마케팅 비용
28~29	상품은 왜 다양해요? - 소비자의 요구
30~31	싼값에 파느니 차라리 불태운다고요? - 판매 전략
32~33	버거킹 와퍼 주니어는 누가 살까요? - 표적 고객
34~35	아이들은 왜 마케팅에 쉽게 속아 넘어가나요? - 조작과 기업의 이윤 추구
36~37	수요가 공급을 결정한다고요? - 수요와 공급
38~39	캐릭터 카드 때문에 과자를 사요 - 어린이를 표적으로 한 마케팅
40~41	그 음악만 들으면 치즈가 먹고 싶어져요! - 오감 자극 마케팅
42~43	계산대 앞에 초콜릿을 두는 이유가 있다고요? - 상품 진열의 비밀
44~45	광고가 새빨간 거짓말은 아니라고요? - 광고의 진실성
46~47	인플루언서가 하는 건 다 근사해 보여요! - 간접 광고
48~49	남들이 하면 나도 따라 하고 싶어요 - 집단 소속감과 트렌드
50~51	정치가 마케팅이라고요? - 정치 마케팅
52~53	신문사나 방송사도 마케팅을 해요? - 매스 미디어와 마케팅
54~55	우리가 남긴 흔적으로 돈을 번다고요? - 디지털 마케팅
56~57	비슷한 광고가 계속 떠요! - 필터 버블과 개인 정보 보호

"얘들아, 오늘 미술 수업은 없어. 호른바흐 선생님이 아프시대. 운동장에 나가서 놀아도 되지만 대신 조용해야 해!"
교장 선생님이 '쉿' 하고 집게손가락을 입에 갖다 댔어. 그런데 4반 아이들 모두가 환호성을 지르며 운동장으로 달려 나갔지 뭐야.
그 모습을 본 교장 선생님 얼굴이 구겨졌지.
"참, 빈 시간이 생긴 김에 이번 '쿠키 판매 행사'를 어떻게 할지 생각들 좀 해 봐!"
교장 선생님이 아이들 등 뒤에다 대고 소리쳤어. 빈센트와 파울이 히죽 웃으며 엄지손가락을 치켜들었지.
그러고는 다른 아이들과 마찬가지로 부리나케 밖으로 뛰어나갔어. 둘이서 뒤도 안 돌아보고 곧장 달려가는 곳은 농구장이야.
빈센트와 파울이 쉬는 시간마다 찾는 곳이지.

"마케팅, 다 마케팅이 만들어 내는 차이지."
학교 관리인 아줌마가 사다리 위에서 중얼거렸어.
아줌마는 두 아이의 어리둥절한 표정을 보고는 사다리에서 내려왔어.
"마케팅이 대체 뭐예요?" 파울이 궁금해했어.
"마케팅은 말이지 사람들을 어떤 브랜드에 '혹하게' 만들어."
"혹하게 만든다고요?" 두 아이의 눈이 동그래졌어.
"그래, 혹하게 만들지. 훌륭한 마케팅은 사람의 마음을 완전히
사로잡는 마법을 발휘해. 그런 마법에 걸리면 상품이
너무 좋아 보여서 필요하든 필요하지 않든 안 사고는 못 배겨."

"'마케팅(Marketing)'이라는 단어는 영어에서 왔는데, 원래는 '물건을
사다' 또는 '시장에 가다'라는 뜻이야. 이 단어가 고대 로마에서 왔다고
주장하는 사람도 있어. 라틴어 '메르카투스 (Mercatus)'에서 말이야.
이 단어를 영어로 하면 '마켓(Market)', 그러니까 시장이라는 뜻이거든."
"플리 마켓의 그 마켓이요?" 빈센트가 물었어.
"또는 슈퍼마켓?" 파울이 끼어들었어.
"맞아. 무언가 살 게 있는 사람과 팔 게 있는 사람이 만나는 곳이 시장이야.
다시 말해 구매자와 판매자가 모이는 장소지. 시장에는 없는 물건이
거의 없어. 채소, 유제품, 장난감, 욕실용 고무 오리, 옷, 알록달록
팬티까지 몽땅 다 있지."

껌 하나에 닷 푼!

닷 푼은 너무 비싸요! 두 푼!

"시장에는 수많은 브랜드에서 내놓은 같거나 비슷한 물건이 많아."
관리인 아줌마가 말을 이어 갔어.
"운동화만 해도 만드는 회사가 많아. 그렇다 보니 운동화 회사들은 고객의 눈길과 마음을 사로잡으려고 치열하게 싸워. 이걸 '경쟁'이라고 해. 다른 브랜드를 누르고 최종적으로 소비자의 선택을 받는 것이 이들의 목표거든."

빈센트가 불쑥 물었어.

"제 운동화가 파울 운동화하고 경쟁을 한다고요?"

관리인 아줌마가 고개를 끄덕였어.

"맞아. 너희 운동화는 생긴 게 똑같고, 색깔이 흰 것도 똑같고, 편한 것도 똑같아. 게다가 비싼 운동화를 신었다고 더 빨리 달릴 수 있는 것도 아냐. 이렇게 기능이나 디자인 면에서 별 차이가 없으니까 경쟁이 더 심해질 수밖에 없지."

파울이 잠시 생각하다가 입을 열었어.

"그럼 스마트폰이나 자동차, 장난감도 경쟁을 해요?
애플 대 삼성, 폭스바겐 대 르노, 레고 대 플레이모빌, 이런 식으로요?"

빈센트가 바로 덧붙였어.

"니베아 대 로레알, 맥도널드 대 버거킹, 코카콜라 대 펩시?"

"맞아, 그런 식이야."

관리인 아줌마의 얼굴에 환한 웃음이 피어올랐어.

빈센트는 아직 궁금한 게 많은 모양이야.

"어떤 상품을 한 브랜드에서만 만들면 어떻게 돼요?"

"실제로 그런 일이 있어. 어떤 상품을 한 브랜드에서만 만드는 걸 '독점'이라고 해. 이건 모노폴리 게임과 비슷해. 이 게임에서는 모든 땅을 사들여 부동산 시장을 혼자 차지하면 이기거든."

인터넷 검색 엔진 **구글**이 그런 독점의 한 예야.
다른 검색 엔진도 많지만,
구글은 시장을 지배하고 게임 규칙을
정할 정도로 힘이 아주 세지.

상품에도 그런 낙인이 있어. 그걸 '상표' 또는 '로고'라고도 불러.
줄무늬 세 개, 체크 표시, 새, 뭐든 상표가 될 수 있어.
어떤 물건에 상표를 붙이면 비슷한 브랜드나 상품과 바로 구별이 돼.
상표를 보면 어떤 회사에서 만들었는지 금방 알 수 있지.
그런 만큼 상표는 보호받아야 해. 다른 회사 상표를
마음대로 갖다 써서는 안 되고, 비슷하게 만들어서도 안 돼.
그걸 '상표권 침해'라고 하는데, 법으로 엄격하게 금지되어 있어.

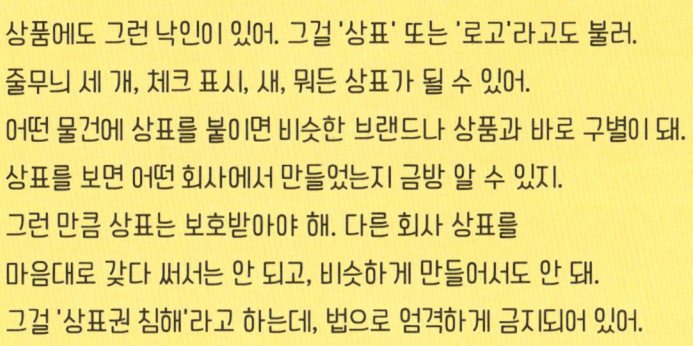

필 나이트와 빌 바워먼이 **나이키**를 만든 건 아주 오래전이야. 미국 오리건대학교에서
육상 선수와 코치로 인연을 맺은 두 사람은 필이 대학교를 떠난 뒤에도 연락을 이어 갔어.
필은 대학교를 졸업한 뒤 경영 대학원에 진학했고, 합리적인 가격의 실용적인 운동화를
미국에 소개하고 싶어 했어. 빌도 더 좋은 운동화를 갖고 싶은 열망이 가득했지.
그러다 빌이 미끄럼 방지 창을 붙인 운동화를 만들었고, 둘은 나이키를 설립해
이 운동화를 팔기 시작했어. 나이키라는 이름은 고대 그리스 신화에 나오는 승리의 여신
니케(Nike)에서 따 왔어. 필은 그래픽 디자인을 공부하던 대학생 캐럴린 데이비드슨에게
나이키의 상표 디자인을 맡겼고, 얼마 뒤 나이키 로고 '스우시'가 탄생했어.
필은 이 로고가 마음에 들지 않아서 캐럴린에게 35달러밖에 주지 않았다고 해.
아무튼 스우시는 오늘날 세계에서 가장 유명한 로고 중 하나가 되었어.

"나도 브랜드예요?" 파울이 물었어.
빈센트는 웃으려다가 곧 그게 썩 괜찮은 질문이라는 생각이 들었어.
관리인 아줌마가 파울의 질문에 대답해 줬어.
"사실 사람도 브랜드가 될 수 있어. 브랜드는 무엇보다도 아이디어거든.
예를 들면 어린이 안전에 특히 신경을 많이 쓴 자동차,
깊은 바닷속에 살며 불가사리를 절친으로 둔 스펀지,
주머니에 넣고 다니면서 모든 것을 할 수 있는 컴퓨터,
귀여운 장난감을 숨겨 놓은 달걀 모양의 초콜릿 같은 아이디어 말이야.
이런 것들 말고도 특별한 능력을 가진 사람은
그 자체로 브랜드가 될 수 있어. 그 사람의 생각이나 이미지가
남들에게 영향을 줄 수 있거든. 기업들이 유명한 사람을
상품 광고에 쓰는 것도 그 때문이야."
"그런 사람들은 비싸요?" 파울이 물었어.
"물론." 관리인 아줌마가 대답했어.
"로저 페더러 같은 사람을 공짜로 쓸 수는 없지 않겠니?
그렇게 유명한 사람을 광고에 쓰려면 많은 돈을 줘야 해."
"그럼 페더러가 브랜드예요?"
"당연하지. 테니스 황제잖아!"

리더십
자신만만
농구 제왕 르브론 제임스
옷을 잘 입음 모
덩크의 달인 두
강력한 힘
성공
스포츠 스타

"마케팅은 버터빵에 비유할 수 있어. 빵은 고객에게 먹고 싶은 마음이 들게 해야 하는 상품이야. 그런 면에서 마케팅은 버터빵의 버터 같은 거야. 사람들이 빵을 집도록 도와주니까. 버터에도 종류가 많잖아. 무염버터, 가염버터, 땅콩버터 같은 것들 말이지. 너희도 각자 좋아하는 빵이 있을 거야. 그런 빵은 값이 좀 비싸더라도 집게 돼. 좋아하지 않는 건 값이 싸더라도 집지 않고. 빵에 버터나 잼을 발라 먹을 수도 있고, 치즈나 오이 같은 걸 올려서 먹을 수도 있어. 그에 따라 빵에 대한 마케팅도 세분화돼. 어떤 사람에게는 땅콩버터와 잼을 바른 빵을, 어떤 사람에게는 가염버터와 꿀을 바른 빵을 파는 거지."

"난 무조건 땅콩버터와 잼!"

파울이 입맛을 다시며 말했어. 하지만 빈센트는 몸서리를 쳤지.

"난 싫어. 난 무조건 가염버터…."

"그래, 입맛은 사람마다 달라. 어쨌든 너희도 이제 이해했을 거야. 아이디어, 그러니까 브랜드는 마케팅을 통해 아주 섬세하게 사람들 입맛에 맞춘다는 걸 말이야."

"정말 비슷한 브랜드들끼리는 어떻게 해요?" 파울이 물었어.
"좋은 질문이야! 그래서 브랜드는 자기만의 특성을 강조하려 해. 그러니까 자기 상품이 남들과 다르다는 걸 소비자의 머릿속에 단단히 새겨 두려는 거지. 마케팅 담당자들은 그걸 '차별화 전략'이라고 불러. 예를 들어 애플은 하드웨어뿐 아니라 소프트웨어도 만들어. 그러면서 둘을 같이 쓰는 게 가장 좋다고 선전해. 그게 사실인지는 아무도 몰라. 그냥 그 사람들 말이 그래." 아줌마는 이 대목에서 윙크를 했어.
"이건 아주 좋은 전략이야. 둘 중 하나만 생산하는 경쟁 업체보다 훨씬 유리하거든. 하지만 한 브랜드에서 모든 걸 생산하면 소비자는 그 업체에 점점 의존할 수밖에 없어."

"비슷한 브랜드들 사이에 진짜 다른 점이 없다면요?" 파울이 물었어.
"그러면 마케팅은 실제로 존재하지 않는 차이라도 만들어 내야 해. 그러니까 빵보다 버터를 더 강조하는 거지. 마트에서 파는 생수를 갖고 설명해 볼게. 그건 그냥 물이야. 어떤 브랜드든 할 것 없이 물(H_2O) 그 자체라는 말이지. 하지만 생수 회사들은 마케팅을 이용해 자기들 물이 더 깨끗하고, 시원하고, 활력을 주고, 저렴하고, 심지어 무척 고급스럽다고 선전해. 그러니까 상품 자체보다 브랜드 이미지를 강조하는 거지."

파울은 관리인 아줌마가 이 모든 걸 어떻게 아는지 갑자기 궁금해졌어. 그런데 그걸 캐묻기도 전에 빈센트가 먼저 다른 질문을 던졌어.
"조금 전에 '브랜드 이미지'가 중요하다고 말씀하셨는데 그게 정확히 무슨 뜻이에요?"
"영어 단어 '이미지(Image)'는 우리가 무언가에 대해 머릿속으로 갖고 있는 그림을 말해. 브랜드도 눈에 보이지는 않지만, 사회·경제적인 가치나 이미지를 갖고 있어. 마케팅은 그런 브랜드 이미지를 중심으로 돌아가지. 만일 내가 새벽 3시에 너를 흔들어 깨워서 '이케아' 하면 뭐가 떠오르는지 물어본다고 쳐. 그러면 너는 분명 스웨덴, 가구 회사, 조립, 레스토랑 같은 말을 더듬더듬 입에 올릴 거야.
물론 저렴하고, 가족적이고, 실용적이라는 말도 할 수 있겠지. 이렇게 어떤 브랜드 하면 가장 먼저 떠오르는 것이 바로 브랜드 이미지야."
파울은 잠시 생각하다가 다시 물었어.
"우리 엄마는 늘 니베아는 믿을 만하다고 해요. 그것도 이미지예요?"
"맞아. 아주 강력한 이미지지." 아줌마가 고개를 끄덕였어.

"브랜드의 이미지는 늘 똑같아요?" 빈센트가 물었어.
아줌마가 고개를 가로저으며 말했어.
"그렇지 않아. 이미지는 바뀌기도 해. 브랜드는 당연히 마케팅을 통해 소비자에게 좋은 이미지를 심어 주려고 노력해. 사실 패션 브랜드 중에는 이미지가 좋지 않은 데가 많아. 누구도 따라 할 수 없는 아름다움에 대한 환상을 심어 주는 데다가 짧은 유행이 끝나면 버려지는 상품이 너무 많거든. 게다가 근무 조건이 노동자에게도 환경에도 좋지 않은 곳이 많아. 그런데도 패션 브랜드들은 마케팅을 통해 자신이 친환경 브랜드라는 걸 보여 주려고 애써. 그런 걸 '그린 워싱(Green Washing)'이라고 해. 실제로는 친환경적이지 않은 브랜드가 친환경 브랜드로 이미지를 세탁하는 거지. 물론 아무리 마케팅을 많이 해도 정말 나쁜 이미지는 지워지지 않아."

"그런데 그보다 더 나쁜 건 아무 반응이 없는 거야. 신상품을 내놓아도 시큰둥하고, 새 광고가 나와도 보지 않고, 사람들이 브랜드에 아예 관심이 없으면 힘이 빠질 수밖에 없지."

"마케팅 회사요? 거기선 무슨 일을 해요? 어떤 사람들이 일해요? 저도 나중에 커서 마케팅 일을 하고 싶어요."
빈센트가 호기심 어린 눈으로 아줌마를 쳐다봤어. 그러자 아줌마가 손가락을 하나하나 꼽아 가며 대답했어.
"마케팅 회사에는 다양한 분야의 전문가들이 있어. 마케팅 관리자, 상품 관리자, 온라인 마케팅 관리자, 광고 기획자, 카피라이터, 디자이너, 마케팅 전략 기획자, 홍보 담당자…."
"전략 기획자요? 전쟁할 때 쓰는 그 전략이요?" 파울이 중간에 끼어들자 아줌마가 싱긋 웃었어.
"그래, 전쟁 전략가하고 좀 비슷한 면이 있어. 성공적인 마케팅을 위해서는 잘 팔릴 것 같은 상품뿐만 아니라 확실한 전략이 필요해. 전략을 짜려면 일단 이루고자 하는 목표, 즉 무엇을 말할 것인지가 있어야 하지. 그다음엔 그것을 어떻게 표현할 것인지 아이디어를 짜내야 해. 광고 분야에서는 이 둘을 합쳐서 '왓 투 세이 앤드 하우 투 세이(WHAT TO SAY & HOW TO SAY)'라고 불러. 광고의 중요한 요소야."
"와우, 왓 투 세이 앤드 하우 투 세이! 멋지게 들려요."
"맞아, 단박에 이해가 돼. 무엇을 말할지도 중요하지만, 어떻게 말할지도 중요하다는 거잖아!"

왓 투 세이 앤드 하우 투 세이. 이건 다른 말로 표현하면 내용과 형식이야. 이건 간단해 보이지만, 그렇지 않을 수도 있어. 둘이 잘 맞아떨어지면 정말 일이 술술 풀려. 반면에 내용이 빈약하고 형식까지 엉성하면 문제가 커져. 어떤 브랜드나 상품이 실패한다면, 그건 반드시 상품 때문만이 아냐. 마케팅 때문일 때도 많지. 예를 들어볼까? 예전에 패션 브랜드 애버크롬비 앤 피치 대표가 이런 말을 한 적이 있어. '멋지고, 인기 있고, 잘생긴 아이들만 우리 매장에 오길 바랍니다.' 이 말은 마케팅 전략 면에서 대실패였어. 소비자들에게 엄청난 분노를 불러일으켰거든.

"광고랑 마케팅은 같은 거 아니에요?" 파울이 조금 어리둥절한 표정으로 물었어.
"아냐. 마케팅은 상품이 생산자에게서 소비자에게로 전달될 때까지 일어나는 모든 활동을 말하고,
광고는 그냥 소비자와의 '소통'이야. 브랜드가 하고 싶은 말을 소비자에게 전달하는 거지. 브랜드는 포스터와 텔레비전 광고,
스마트폰 팝업 같은 광고로 고객에게 말을 걸어. 너희도 그런 광고를 봤을 거야. 보고 나서 어땠어?
어떤 식으로 말을 걸었어(HOW TO SAY)? 요란하게, 아니면 부드럽게, 영리하게, 멍청하게, 다정하게, 공격적으로?"
빈센트는 아줌마의 말을 바로 이해했어.
"브랜드가 어떤 태도로 고객에게 다가갔느냐 하는 거죠?"
"맞아, 정확해. 마케팅 담당자는 이런 모든 질문에 답할 수 있어야 하고, 정확한 계획을 세워야 해.
그건 곧 브랜드를 전체적으로 '관리'해야 한다는 뜻이야. 그래서 브랜드를 관리하는 사람을 마케팅 관리자라고 불러."

관리인 아줌마도 옛날에 마케팅 관리자였을 것 같지 않아?

밀어내는 방식은 지나가는 사람에게
호스로 물을 뿌리는 것과 같아.
호스가 굵을수록 더 많은 사람들이 물에 젖겠지.
하지만 어떤 사람들은 피하거나, 도망치거나,
아니면 우산을 펴서 막을 거야.

반면에 끌어당기는 방법은 예쁜 수영장과 비슷해.
보기만 해도 저절로 뛰어들고 싶은 마음이 드는
그런 수영장 말이야. 여기서 중요한 게 있어.
수영장에 뛰어들지 말지, 물속에 얼마나 오래 있을지,
또 얼마나 깊이 잠수할지는 소비자에게 맡겨야 한다는 거야.
이 방법이 소비자에게 훨씬 인기가 많아.

"세상은 점점 디지털화되어 가고, 소비자에게 물을 뿜어 대는 호스는 점점 굵어지고 있어. 컴퓨터, 스마트폰, 영화관, 잡지, 버스 할 것 없이 언제 어디에서나 광고를 볼 수 있어. 텔레비전에서는 프로그램 중간중간에 광고가 나오고, 광고판과 스티커가 여기저기 붙어 있는 것은 말할 것도 없지. 스포츠 경기를 봐도 선수들의 유니폼에는 후원 기업의 로고가 박혀 있고, 경기장 곳곳에도 광고판이 있어. 그뿐이 아냐. 동물원의 동물을 후원하는 기업도 있지. 우리는 온종일 마케팅의 홍수에 둘러싸여 있고, 가끔은 마케팅이 끈질기게 쫓아다니는 느낌마저 들어. 마케팅 회사들의 이런 행동에는 조금 불편한 생각이 숨어 있어. 더 많은 압력을 가하면 소비자는 순한 양처럼 마케팅이 이끄는 푸른 초원으로 갈 수밖에 없다는 거지."

"휴!" 빈센트가 한숨을 내쉬며 고개를 저었어.
"마케팅에는 돈이 엄청 많이 들지 않아요?"
"그렇기도 하고 아니기도 해. 상품은 아름답든 투박하든, 화려하든 단조롭든 어떤 식으로든 디자인되어야 해.
거기다 재료를 선택하고, 포장도 해야 하고. 심지어 포장은 과할 때가 많은 데다 버려지기 십상인데도 말이지.
어쨌든 이 모든 결정은 당연히 상품 이미지에 영향을 미치고, 판매 가격에 반영돼."

"마케팅에 돈을 제일 많이 쓰는 상품은 뭐예요?" 파울이 물었어.
"단연 고급 향수지. 향수는 일단 병이 비싸. 잡지 광고에도 돈이 들고, 텔레비전 광고에는 그보다 더 많은 돈이 들지.
스포츠 스타나 영화배우를 광고 모델로 쓰는 비용도 어마어마해. 그뿐이 아냐. 위치 좋은 곳에 매장을 유지하는 비용도 만만치 않아.
이런저런 비용을 다 합치면 향수는 상품 가격의 4분의 1이 마케팅에 들어간다고 해."
"자동차는요?" 이번에는 빈센트가 물었어.
"시대에 뒤떨어진 자동차를 홍보하는 데에도 정말 많은 돈이 들어. 온실가스를 내뿜는 내연 기관 자동차는 이제 곧 사라질 텐데,
아직도 미래 자동차와 새로운 아이디어에 대한 이야기는 별로 안 나오고 있어. 아무튼, 제약 회사, 세제 회사, 통신 회사도
마케팅에 많은 돈을 써. 그리고 마케팅에 가장 많은 돈을 쓰는 회사는… 기대하시라, 바로 어디냐 하면… 디즈니야!"
"빈센트는 〈겨울 왕국〉의 엘사다!"
파울이 빈센트의 옆구리를 쿡 찔렀어. 빈센트는 짜증 섞인 표정으로 고개를 돌리며 중얼거렸지.
"그럼 넌 〈몬스터 주식회사〉의 괴물 마이크냐?"

> 광고비의 절반이 버려지는 돈이라는 걸 압니다.
> 그게 생산자의 돈인지 소비자의 돈인지 모를 뿐이죠.

포드 자동차 창립자 헨리 포드

"특별히 마케팅을 하지 않고도 잘 나가고,
그런 만큼 더 저렴한 상품도 있어."
"말도 안 돼." 빈센트가 말했어.
"얼마든지 있어. 그런 걸 노브랜드 상품이라고 해. 이런 상품은 마케팅 비용이 들어가지 않아서 꽤 저렴해. 그렇다고 대형 브랜드와 비교해서 질이 크게 떨어지지도 않아. 게다가 불필요한 포장도 줄여서 쓰레기도 적게 나와. 요즘은 대형 마트에 가면 이런 노브랜드 상품이 많이 보여. 라비올리 통조림에도 상표 없이 그냥 '라비올리'라고만 적혀 있어. 노브랜드 상품은 저렴하고 단순한 상품을 원하는 사람들이 많이 찾지. 유명한 브랜드를 갖고 있는 대형 제조업체가 노브랜드 상품을 만들 때도 많아. 이 회사들은 자기 브랜드 말고 저렴한 틈새시장에서도 돈을 벌고 싶어 하거든. 다만 우리한테 그 사실을 알리지는 않아. 자신들의 원래 브랜드 상품을 계속 비싼 값에 팔아야 하니까."

"그건 알겠지만…. 요구르트는 세 가지 종류만 있어도 충분하지 않아요?"
파울이 여전히 이해가 안 가는 얼굴로 묻자, 아줌마가 대답했어.
"그걸 누가 결정하는데? 어떤 요구르트만 만들라고 누가 결정할 수 있을까? 시나 국가가? 아니면 공무원이? 그건 독재야. 그렇지 않아? 우리 같은 자본주의 사회에서는 물건을 살 사람, 그러니까 소비자에게 결정을 맡겨야 해. 시장에서는, 예를 들어 마트에서는 소비자의 다양한 취향에 맞춰서 갖가지 상품을 갖춰 놔. 찾는 사람이 별로 없는 상품은 선반 맨 아래로 내려가. 사람들의 눈에 잘 띄지 않는 곳으로 밀려나는 거지. 그래도 찾는 사람이 없으면 아예 선반에서 빼 버려. 조금 어려운 말로 하면, 수요가 공급을 부르는 거야. 시장은 그런 단순한 논리로 움직여."

"가끔 물건을 갑자기 싸게 파는 것도 그래서예요?"
빈센트가 묻자 아줌마가 고개를 끄덕였어.
"맞아, 잘 팔리지 않는 상품은 세일 기간에 싸게 팔아. 가만히 놔둬도 잘 나가는 상품이 아닌 이상 모든 상품은 세일을 해. 그런데 이상한 건 대부분의 브랜드와 판매 업체가 동시에 세일을 한다는 거야. 그러다 보니 가격 경쟁에서의 이점은 사라지고 없어."

"그런데 프리미엄 브랜드나 명품 같은 비싼 브랜드는 재고 정리 세일을 안 해. 왜 그런지 알아?"

"이미지 때문에요?"

"오, 대단한데, 빈센트. 그래, 비싼 가격도 명품 브랜드의 고급 이미지 중 하나야. 그건 건드리면 안 돼. 그렇지 않으면 이미지가 곤두박질치거든. 그래서 팔리지 않는 물건은 싼값에 파느니 차라리 불태워 버리는 명품 브랜드도 있어. 아니면 애초에 일부러 제한된 수의 상품을 생산하는 방법을 쓰기도 해. 재고를 쌓아 두지 않겠다는 뜻이지. 게다가 그렇게 한정판으로 팔면 상품을 산 소수의 사람은 자신이 특별히 선택받았다는 느낌을 받아."

아줌마가 말을 이어갔어.

"이런 모든 행동에도 불구하고 사람은 습관의 동물이야. 대부분의 소비자는 거의 늘 같은 먹을거리를 사서 냉장고나 찬장에 보관해. 그러고는 대개 같은 요일에 먹어. 너희 집은 어때?"

파울이 대답했어.

"음… 집에서 늘 똑같은 음식을 먹는 건 아니지만, 열흘 동안을 놓고 보면 거의 비슷하게 먹는 것 같아요. 정상인 거죠?"

빈센트는 자기네도 그렇다는 듯 고개를 끄덕였지.

"그런데 마케팅이 언제나 모든 사람에게 먹히는 건 아니죠? 안 그래요?"
관리인 아줌마의 눈이 동그래졌어.
"맞아, 빈센트. 아주 좋은 지적이야. 표적 고객을 정확히 설정하는 것은 마케팅에서 무척 중요해."
"표적 고객… 마케팅 관리자들이 노리는 고객…."
파울은 농구 골대를 겨냥하더니 능숙하게 공을 그물망 속에 던져 넣었어. 그걸 보고 아줌마가 웃으며 말했지.
"맞아. 여성, 남성, 어린이, 노인, 여행자, 환자, 과시하기 좋아하는 사람, 배고픈 사람, 브랜드 광팬, 출퇴근하는 사람, 개성이 강한 사람, 세일 상품만 찾는 사람, 운동선수, 이런 식으로 특징지을 수 있는 모든 사람이 표적 고객이자 잠재적 구매자야."

러시는 수제 비누와 샤워 젤, 천연 화장품을 판매하는 브랜드야.
동물 실험을 하지 않고, 최소한의 포장만 하는 걸로 유명해.
그런데 냄새가 좀 역하다고 싫어하는 사람도 있어.
이 브랜드는 의도적으로 모든 사람이 좋아할 만한 상품을
만들지 않아. 특정한 사람만 표적으로 삼는 거지. 세상에는 러시를
좋아하지 않는 사람도 있지만, 좋아하는 사람도 있다는 것이
이 브랜드의 기본 생각이야. 이건 아주 훌륭한 마케팅 전략이지.
러시의 고객은 단순한 소비자가 아니라 진정한 팬인 셈이니까.
팬이 되면 자동으로 그 브랜드 상품을 사게 돼.
다른 사람에게는 최악의 상품이라도
그 사람들에겐 최고의 상품이 될 수 있거든.

"그렇다면 우리는 마케팅 전략을 짤 때 기존 고객에게 집중할지, 아니면 새로운 고객을 대상으로 삼을지 분명히 정해야 해."

"관리인 아줌마가 '우리'라고 말했어."

빈센트는 뭔가 비밀을 알아낸 듯한 표정으로 파울에게 속삭였어.

"네 말이 맞아. 아줌마는 옛날에 마케팅 관리자였던 게 틀림없어!"

"잡담은 그만!" 아줌마가 수군거리는 아이들을 조용히 시켰어.

"자, 이제 우리 '묻고 답하기 게임'을 해 볼까? 답을 아는 사람이 대답하고 바로 다음 질문을 하는 거야. 내가 먼저 시작할게. 에어비앤비의 표적 고객은?"

"우리 큰누나! 온 러닝화는 누가 살까요?"

빈센트가 소리치고는 바로 이어 질문했지. 이번에는 파울이 잽싸게 답했어.

"조깅하는 사람이랑 우리 아빠. 그럼 패션 잡지는?"

"패셔니스타." 아줌마는 이렇게 대답하고는 머리카락을 뒤로 쓸어 넘겼어.

"버거킹의 와퍼 주니어는?"

"저요!" 빈센트는 이렇게 소리치고는 바로 반격했어.

"위스카스 고양이 사료는?"

"고양이!" 파울의 대답에 아줌마가 고개를 가로저었어.

"아니. 고양이는 물건을 살 수 없어. 사료는 반려인이 사는 거지. 고양이는 사람을 집사로 부리는 진정한 주인님이시지."

아줌마가 이렇게 말하자 셋이 동시에 웃었어.

"하기스 기저귀는?" 빈센트가 두 사람을 둘러보며 물었어.

"아기! 아니, 나도 이해했어. 당연히 엄마 아빠. 아이들은 표적 고객이 될 수 없어요. 안 그래요?" 파울이 웃으며 말하자, 아줌마가 반박했어.

"아니, 될 수 있어. 어린이는 중요한 표적 고객이야. 그런데 어린이를 표적 고객으로 삼는 것은 특별하면서도 조금 위험해."

"위험하다고요?"

파울과 빈센트는 무슨 말인지 모르겠다는 듯 서로의 얼굴을 바라봤지.

"아이라고 다 같은 아이가 아냐. 예를 들어, 너희는 아이들 중에서도 조금 나이 든 축에 들어. 너희보다 훨씬 어린 꼬맹이들은 마케팅이 뭔지 몰라. 걔들한테 중요한 건 재미뿐이야. 그러니까 그 아이들은 과장, 벅찬 느낌, 승자와 패자가 나오는 영웅담, 게임, 피규어 수집, 쉽게 따라 부를 수 노래와 리듬, 알록달록한 포장지에 담긴 과자를 좋아해."
"맞아요. 내 동생도 그런 거에 정말 쉽게 잘 넘어가요." 파울이 씩 웃었어.

"많은 초콜릿바 제조업체들이 자기네 초콜릿바는 맛있을 뿐 아니라, 좋은 우유가 많이 들어 있어서 건강에도 좋다고 주장해. 하지만 말도 안 되는 소리야. 값싼 분유에 지방과 설탕만 잔뜩 들어 있거든."
아줌마가 얼굴을 찡그리자 파울이 물었어.
"아이들이 그렇게 쉽게 영향을 받는다면 건강에 좋은 것을 마케팅하면 되지 않아요?"
빈센트가 고개를 끄덕이며 말했어.
"맞아! 통곡물빵, 유기농 요구르트, 과일처럼 아이들이 먹어야 하는 상품을 광고하는 건 거의 못 본 것 같아요."
두 아이의 얼굴에 물음표가 떠올랐어. 그러자 아줌마가 어깨를 으쓱하며 말했어.
"이유가 있지. 건강에 좋지 않은 상품은 무척 저렴한 재료로 만들어서 이윤이 높지만, 품질이 좋은 상품은 만드는 데 비용이 많이 들어서 이윤이 적거든. 이윤이 적다는 것은 마케팅에 쓸 돈이 별로 없거나 전혀 없다는 뜻이야."

"이윤, 이윤, 이윤! 중요한 건 그거뿐인가 봐." 빈센트가 못마땅한 표정을 지었어.
"그래, 하지만 그게 꼭 나쁜 것만은 아냐. 성공한 기업은 많은 사람에게 일자리를 만들어 주고, 직원들은 임금을 받아서 그걸로 필요한 물건을 사거든. 마케팅도 다 그런 물건을 팔기 위해서 하는 거잖아. 이를테면 버터빵처럼 말이야."
"가염버터, 치즈, 달걀, 그 위에 마요네즈를 듬뿍 올려서 먹고 싶어요!" 파울이 행복한 표정을 지었어.

마케팅이 아이를
목표로 삼고 있다면
누가 조심해야 해요?

부모님이지. 그런데 부모님은 마케팅의 속임수를 잘 알고 있어야 하는데,
안타깝게도 속임수는 아주 교묘하게 숨겨져 있어서 알아채기가 쉽지 않아.
아주 어린 아이들을 겨냥한 광고는 사실 법적으로 금지되어 있어.
그래서 우회 전략을 써서 마케팅을 해. '가족'을 표적 고객으로 삼거나,
아니면 어떻게 해야 자녀가 행복해하는지를
부모에게 돌려서 보여 주는 거지.

고양이 사료처럼.
야옹!

어린이용 간식과 군것질거리는 가지고 다니기 편해.
하지만 비싸고, 영양가가 없고, 포장이 지나칠 때가 많아.

비싸다고? 영양가가
없다고? 포장 쓰레기가
많이 나온다고?
이 정도 갖고 뭘 그래?

어떤 상품에는 작은 장난감이나 캐릭터 카드처럼
아이들이 무척 갖고 싶어 하는 다른 물건이 들어 있어.
사실 아이들은 상품 자체나 그 안의 장난감보다 어떤 것이 나올지
기대하는 짧은 발견의 순간을 더 좋아해.

아이들이 거부감을 느끼지 않고 잘 먹을 수 있도록 재미난 모양으로
만든 상품도 많아. 부모들은 아이들에게 음식을 골고루 먹이려고
그런 상품에 관심을 가져. 이를테면 동물 모양의 과자와 치킨너깃,
하트나 별 모양의 당근과 파스타 같은 것들이지.
그런데 음식으로 그런 모양을 만들다 보니 먹을 수 있는 부분이
많이 버려진다는 게 문제야.

마트의 시식 코너나 상품을 무료로 나눠 주는 행사장에서는
가족의 관심을 끌려고 판매원이 인형 탈을 쓰고 나타나기도 해.
그러나 부모의 허락 없이는 아이들에게 어떤 음식도 줘선 안 돼.

"넌 캐릭터 카드나 장난감을 어떻게 생각해?"
"난 좋아해. 재밌잖아. 포인트를 4점만 더 모으면 로봇 인형을 받을 수 있어!"
파울은 주머니에 손을 넣더니 캐릭터 카드를 한가득 꺼냈어.
"넌 아직 아기구나."
빈센트가 입을 샐쭉거리며 아줌마를 쳐다봤어. 빈센트의 마음을 읽은 아줌마가 말했어.
"카드나 장난감 수집을 이용한 판촉 행사는 사실 문제가 좀 있어. 우선 엄청난 쓰레기를 만들어 내. 이런 식으로 산 상품에 대한 관심은 그다지 오래가지 않거든. 게다가 장난감과 인형은 노동 환경이 좋지 않은 외국에서 만들어질 때가 많아. 그보다 더 심각한 문제는 이런 행사들이 아이들에게 영향을 끼치는 데도 법적으로는 아무런 문제가 없다는 거야. 마케팅은 언제나 표적 고객으로 '가족'을 얘기하지만, 실제 목표는 아이야. 그건 분명해. 왜냐하면 애초에 그런 장난감 판촉 행사장에 가고 싶어 하는 건 아이들이거든. 아이들을 상대로 물건을 만드는 제조 업체와 판매자의 어려움도 여기에 있어. 아이들을 교묘한 방법으로 속여서는 안 되거든. 너희 생각은 어때?"
빈센트와 파울은 힘차게 고개를 끄덕였어.

"어른들도 속임수에 넘어가요?" 빈센트가 물었어.
"그럼! 방법은 좀 다르지만." 아줌마가 웃으며 대답했어.
"예를 좀 들어주세요."
"사실 평범하고 익숙한 건 조금 지루해. 그래서 마케팅에서는 평범함에서 조금 벗어나는 것으로 고객의 마음을 잡으려고 해. 우리한테는 보고, 듣고, 냄새 맡고, 만지고, 맛보는 다섯 가지 감각이 있어. 마케팅은 그중 한 가지 감각을 이용할 수 있어. 어떤 상점에서는 늘 산뜻한 냄새가 나고, 또 어떤 상점에서는 숲 냄새나 향수 냄새가 나기도 해. 물론 너무 진하게 풍겨선 안 돼. 고객이 거의 알아채지 못할 만큼 은은하게 풍기는 게 좋아."

"음악은 어때요?" 파울이 물었어.
"좋은 질문이야! 음악도 마케팅에 자주 쓰여. 특히 라디오, 텔레비전, 온라인 광고에서. 물론 상점과 백화점, 엘리베이터에서도 음악이 흘러나와. 음악은 매장에 어울리는 편안한 분위기를 만드는 데 도움이 돼. 예를 들어 치즈 가게에서 프랑스산 소프트 치즈가 기대만큼 잘 나가지 않을 경우 배경 음악으로 뮈제트를 틀면 한층 많이 팔려."
"뮈제트가 뭐예요?"
빈센트가 궁금한 눈으로 관리인 아줌마를 바라봤어.
"프랑스에서 춤을 출 때 연주하던 민속 음악이야."
"근데 음악이 나오면 정말 물건이 잘 팔려요?"
파울은 한껏 들뜬 표정을 지었어.
"두말하면 잔소리지. 물론 치즈 맛도 좋아야 해. 기회가 되면 한번 먹어 봐. 색다른 맛을 느끼게 될 거야. 그런데 온라인에서는 그게 불가능해. 온라인에서는 그림과 소리밖에 나오지 않거든. 마케팅 담당자에겐 해결해야 할 문제야."

"오프라인 매장은 음악과 냄새뿐 아니라 인테리어로도 고객을 유혹해. 여기서 우연한 것은 하나도 없어. 모든 게 철저한 계산에 따라 이루어지지. 고객을 어떤 동선으로 이끌지, 어떤 상품을 어디에 진열할지, 조명을 어떻게 설치할지, 모두 미리 계산해서 정한다는 말이야. 예를 들어 식료품점에서는 채소와 과일을 늘 입구 쪽에 둬. 그래야 신선하다는 인상을 주거든. 입구 쪽에 화장지를 두는 건 그리 좋은 생각이 아냐."

아줌마의 말을 들은 두 아이는 키득거렸어.

"사람들이 줄을 서서 기다리는 마트 계산대에도 교묘한 속임수가 숨어 있어. 계산대 옆에는 항상 초콜릿, 사탕, 킨더조이 같은 상품이 놓여 있어. 그것도 카트 안에 앉은 꼬맹이들의 눈높이에 딱 맞게 말이야. 너희 또래 아이들을 겨냥한 상품도 마찬가지야. 언제나 너희 시선이 닿을 만한 높이에 진열해 두거든. 모두 의도적이지. 그러면 어떤 일이 벌어질까? 너희는 곧장 부모님을 조를 테고 카트에 앉은 꼬맹이들은 징징거리겠지. '사 줘, 사 줘.' 하면서 말이야."

"정말요? 일부러 그렇게 놓은 거라고요?" 빈센트가 깜짝 놀라 물었어.

"왜 아니겠어? 그래서 계산대 근처를 마케팅 용어로 '징징 구역'이라고 불러. 아이들이 거기서 맨날 징징대거든."

"무슨 좋은 수가 없을까요? 계산대 근처에 가면
꼬맹이들 눈에 안대라도 씌워야 할까요?"
관리인 아줌마가 웃음을 터뜨렸어.
"그건 좋은 생각이 아냐."
"징징 구역을 아예 없애는 건 어때요?"
파울이 제안했어. 그러자 아줌마가 고개를 끄덕이며 말했어.
"이미 그렇게 하는 마트가 있어. 물론 아주 드물지만.
그 밖에 가족 계산대가 따로 있는 마트도 있어.
그런 곳은 아주 넓고, 징징 구역이 없고, 광고도 거의 하지 않아."
"마케팅을 하지 않는 것도 마케팅이에요?"
"와, 멋진 질문이다, 빈센트! 마케팅을 하지 않는 가족 계산대도
당연히 훌륭한 마케팅이야. 그걸 좋게 생각하는 가족들이
입소문을 내 줄 테니까."

마케팅은 여러 가지 속임수를 쓰지만, 거짓말을 해서는 안 돼! 노골적인 거짓 광고에 대해서는 정부와 소비자 보호 단체가 개입해. 거짓말쟁이들에게 과태료를 부과하기도 하고, 블랙리스트를 만들어 거짓 광고를 하는 업체를 공개하기도 해.

노화 방지 크림이라고? 거짓말하고 있네!

아닙니다, 고객님. 거짓말이라기보다는 사실을 살짝 부풀린 것뿐이랍니다.

에너지 드링크 레드불은 광고에서 고객에게 날개를 달아 준다고 말해. 이 음료를 마시면 피곤이 가시고 활력이 넘친다는 거지. 그런데 뉴욕의 한 대학생이 공개적으로 반박했어. 그건 사실이 아니라고! 몇 년 동안 레드불을 마셨지만 운동 능력이 조금도 나아지지 않았다는 거야. 그 대학생은 거짓 광고를 했다는 이유로 레드불을 고소했고, 결국 법원으로부터 1300만 달러의 배상 판결을 받아 냈어. 레드불에 든 카페인은 피로를 줄이는 효과가 있기는 한데, 사실 커피 한 캔에 든 카페인이 레드불 한 캔에 든 것보다 많아. 그뿐 아니라 에너지 충전에 도움이 될 만한 성분도 전혀 없고, 건강과도 거리가 멀어. 한 캔에 각설탕이 아홉 개나 들어 있거든.

너희는 혹시 산타클로스를 믿니? 핀란드 관광청에 따르면 산타클로스는 핀란드 북부 라플란드 지방에 산다고 해. 해마다 수십만 명에 이르는 사람들이 산타클로스가 어떻게 사는지 보고, 함께 사진을 찍으려고 이곳을 찾아와. 이게 거짓 광고일까? 그건 아마 산타클로스를 믿느냐, 믿지 않느냐에 달려 있을 거야. 어쨌든 이건 세상의 정말 구석진 곳으로 수많은 관광객을 끌어모은 기발한 마케팅이라고 할 수 있어!

이봐요, 산타클로스 할아버지, 크리스마스이브에 어디 있었길래 우리 애한테는 안 온 거예요?

산타클로스는 크리스마스이브에 썰매를 타고 세상 모든 아이를 찾아간다고 해. 그러려면 어떤 일이 벌어져야 할까? 전 세계에서 산타클로스를 기다리는 아이는 7억 명 정도야. 영국의 물리학자 케이티 신이 산타클로스가 하룻밤에 7억 명의 아이를 모두 찾아가려면 얼마나 빨리 날아가야 할지 계산했는데, 자그마치 시속 1000만 킬로미터로 달려야 가능하다는 결론이 나왔어. 아인슈타인의 유명한 상대성 이론에 따르면 어마어마한 속도로 날아가는 사물은 수축한다고 해. 산타클로스만큼 빠른 속도로 달리면 거의 눈에 보이지 않을 정도로 쪼그라들 수밖에 없어. 어쩌면 그 때문에 산타클로스가 우리 눈에 띄지도 않고, 좁은 굴뚝을 쉽게 통과하는지도 몰라. 덧붙이자면 아이 한 명에게 주는 선물의 무게가 0.9킬로그램이라고 쳐도 63만 톤의 짐을 썰매에 싣고 달려야 해. 어떻게 그럴 수 있을까?

"너희 또래의 아이들은 마케팅의 속임수에 넘어갔는지, 넘어갔다면 언제 넘어갔는지 더 빨리 확인할 수 있어. 그렇다고 너희가 마케팅의 속임수에 넘어가지 않는다는 뜻은 아냐. 여자아이들은 요즘 가장 인기 있는 모델 카일리 제너나 가수 아리아나 그란데의 영향을 받고, 남자아이들은 축구 선수 크리스티아누 호날두의 영향을 받을지도 몰라."

"그게 나쁜 건가요?" 파울이 물었어.

"아니, 나쁘다는 게 아니야. 하지만 스타들의 계정에 올라오는 걸 다 믿어서는 안 된다는 거야. 그들의 계정은 철저한 계산에 따라 관리돼. 게다가 계정 뒤에는 마케팅 전문가가 숨어 있을 때가 많아."

"스타들의 이미지 관리를 돕는 것일 수도 있잖아요!" 파울이 반박했어.

"맞아! 홍보 전문가들은 어떻게 해야 스타들이 가장 근사해 보일지 늘 고민해. 사진도 대부분 상당히 많이 편집하거나 보정해서 내보내지. 그러다 아주 가끔 참사가 벌어지기도 해. 비율이 맞지 않거나 신체 일부가 사라진 사진이 올라가는 거지."

그 말을 들은 두 아이가 웃었어.

"소셜 미디어에서 수많은 구독자를 보유한 사람을 인플루언서라고 해. 앞에서 말한 스타들도 인플루언서겠지?
이런 인플루언서 가운데 상당수는 기업과 손잡고 상품 간접 광고(PPL)에 나서곤 해. 자신의 사진이나 동영상에 특정 브랜드 상품을 눈에 잘 띄게 배치하는 거지. 그러면 브랜드는 원하는 표적 고객에게 자신의 상품이나 로고를 자연스럽게 노출하면서 긍정적인 이미지를 쌓을 수 있어. 이런 광고의 신뢰성을 높이기 위해 인플루언서들은 상품을 어떻게 표현할지 직접 결정하기도 해. 하지만 그 대가로 브랜드로부터 돈을 받아. 그러니까 인플루언서들이 좋은 상품이라고 말해도 반드시 믿을 필요는 없어."

"그럼 그것도 직업이에요?" 빈센트가 물었어.
"직업으로 하는 사람도 있어. 큰돈을 벌 수 있으니까. 옛날에는 거의 스타들만 많은 사람에게 영향을 끼칠 수 있었는데, 요즘은 인터넷과 소셜 미디어 덕분에 개인도 얼마든지 그런 일을 할 수 있어. 하지만 그러려면 구독자가 많아야 해. 영향력이 아주 큰 사람은 자기를 따르는 사람들과 끊임없이 취향을 공유하고, 같은 공동체에 속해 있다는 느낌을 줘서 성공하는 경우가 많아."
"무슨 말인지 알겠어요!" 빈센트가 아는 척을 했어.
"제 여동생은 만화라면 사족을 못 쓰는데, 자기가 좋아하는 캐릭터로 분장하는 걸 특히 좋아해요. 같은 반 애들은 이상하게 쳐다보지만, 인터넷에서는 동생을 구독하고 따라 하는 친구들이 많더라고요. 그걸 보면 꼭 자기들끼리 무슨 대가족 같아요."

브랜드와 상품의 인기는 시시각각 변해. 수많은 상품과 장난감, 특히 옷은 갑자기 유행하다가 금세 시들해져. 한번 유행을 타면 모두가 똑같은 옷을 입어. 리바이스 티셔츠만 질리도록 입는다든지 가슴 아래까지 올라오는 하이웨이스트 스키니진만 입는다든지 하는 식이지. 갑자기 어딜 가나 컨버스 올스타 신발만 보이다가 어느 날 싹 사라지기도 하고 말이야. 이런 유행 뒤에는 인플루언서가 숨어 있을 때도 가끔 있지만, 유행의 이유를 잘 모를 때가 더 많아. 어쨌든 마케팅에서는 메가트렌드와 어떤 집단에 대한 소속감을 드러내는 상징으로서의 트렌드를 구분해.

메가트렌드는 오랜 시간에 걸쳐 사회적으로 중요한 의미를 지니고 사람들에게 영향을 끼치는 큰 유행을 말해. 이런 커다란 흐름은 마케팅으로 조정할 수 없어. 다만 특정 브랜드가 그런 메가트렌드의 혜택을 받을 수는 있지. 전기 자동차의 선구자 테슬라가 친환경이라는 메가트렌드의 혜택을 받은 것처럼 말이야. 물론 마케팅도 트렌드를 활용할 수는 있어. 예컨대 수년 전부터 많은 광고 모델이 힙스터 수염을 기른 건 우연이 아니거든.

우리는 메가트렌드 외에 우리가 속한 집단에 대한 소속감을
드러내는 작은 트렌드도 따라가. 이런 집단 소속감은 마케팅에
굉장히 중요해. 너희는 어떤 집단에 속해 있는 것 같니?
첫 번째 집단은 가족이야. 거기선 부모님이 너희의 롤 모델이야.
물론 형이나 누나도 롤 모델이 될 수 있고, 너희는 가족들을 모방해.
가족이 좋아하는 물건을 같이 좋아하고 같이 살 수도 있어.
두 번째 집단은 네 또래 아이들이야. 학교에서 만나거나,
운동 또는 취미 활동을 같이하는 친구들 말이야. 너희는 그런 친구들과
함께 새로운 것에 눈을 뜨고, 친구들과 자신을 비교하고,
좋아하는 옷이나 음악, 음식, 브랜드 같은 걸로
너희 집단과 다른 아이들을 구분하기도 해.

베이스가 빵빵한데!

그러게. 끝내준다!

"집단과 소속감에 대해 말씀하셨는데… 그럼 정치도 마케팅이에요? 텔레비전을 보면 늘 무슨 무슨 정당의 정치인이 나와서 뭐라 뭐라 떠들잖아요."
빈센트가 정치인의 손짓을 흉내 내며 묻자 아줌마가 진지한 표정으로 말했어.
"맞아. 정치는 처음부터 끝까지 마케팅이야. 우리가 이야기했던 모든 게 여기에 딱 맞아떨어져. 정당은 브랜드이고, 유권자는 표적 고객인 셈이지. 그래서 정치 마케팅도 과장하고, 설득하고, 영향을 미치고, 조작하고, 알리고, 유혹해서 되도록 많은 유권자를 끌어모으려 해. 이때 각 정당은 다양한 채널과 매체를 통해 유권자들과 소통하지."

각 정당은 선거나 투표 전에 후보와 공약을 알리는 포스터를 곳곳에 붙여.

후보자들은 텔레비전 토론에 나와 열띤 경쟁을 벌여. 자기주장을 펼치고, 상대의 주장에 반박하면서 말이야. 그 밖에 선거 결과를 두고 토론을 벌일 때도 많아.

우리 당은 노인 복지, 그리고 동물 복지도 중요하게 생각하고 있습니다. 우리 당에 가입해 주시지 않겠습니까? 여기 입당 신청서에 서명만 해 주시면 됩니다.

꼭 선거철이 아니더라도 정당들은 길거리에 자신들의 공약이나 주장을 담은 현수막을 걸거나, 전단을 나눠 주며 사람들에게 영향을 주려고 해.

정당은 홈페이지에 설립 목적과 강령, 그리고 자신들이 펼치는 정책의 배경과 근거를 올려놔. 아울러 현수막, 포스터, 전단 같은 자료도 제공해.

"미디어가 정확히 뭐예요?" 파울이 이맛살을 찌푸리며 물었어.

"미디어는 정보나 생각을 한쪽에서 다른 쪽으로 전달하는 매체야. 미디어가 전달하는 것에는 정보나 생각뿐 아니라 감정과 질문, 추측, 소문, 험담 같은 것도 포함돼. 그리고 사람에게 가장 중요한 미디어는 언어야. 언어는 우리의 생각이나 감정을 전달해 줘. 표정도 행복감이나 두려움, 초조함 따위를 보여 줄 수 있어. 그런데 우리는 미디어라는 말을 들으면 매스 미디어(Mass Media)를 먼저 떠올리곤 해. 많은 사람에게 정보를 전달하는 대중 매체 말이야. 신문과 잡지, 라디오, 텔레비전, 그리고 무엇보다 인터넷이 바로 매스 미디어지."

표정을 보니까 엄청 화가 났나 봐.

"미디어도 마케팅을 해요?" 빈센트가 물었어.

"그럼. 일부 미디어는 마케팅을 해. 더 많은 사람들이 자기네 매체를 읽고 보고 들었으면 하거든. 무엇보다 미디어들은 다른 사람들의 마케팅을 전달하는 역할을 해. 특정 목적을 가진 사람들의 광고나 정보를 자기네 매체에 실어 내보내는 거지."

"우리 엄마 말로는 미디어는 전부 거짓말쟁이래요." 빈센트가 조금 대들 듯이 말했어.

"맞아, 미디어는 실제로 중립적이지 않아. 그 뒤에는 어떤 집단의 이해와 생각, 의도가 도사리고 있거든. 예를 들어 어떤 신문사는 특정 정당의 광고를 실어 주지만, 다른 정당의 광고는 실어 주지 않아. 자기네가 어떤 정당을 지지하는지 공공연히 드러내는 셈이지. 그렇다면 그 신문사는 더 이상 중립적이라고 할 수 없어."

"신문사는 그 대가로 뭘 받아요?" 파울이 물었어.

"우선 돈을 받아. 그 정당이 다른 정당들보다 신문사에 더 많은 광고비를 낼 수도 있지. 다른 한편으로는 권력을 얻을 수도 있어. 무료로 나눠 주는 신문을 생각해 봐. 공짜라면 당연히 많은 사람이 읽겠지. 그중에서 신문에 실린 의견을 고스란히 받아들이는 사람도 많을 거야."

"요즘은 당연히 디지털 미디어와 디지털 마케팅이 대세야. 인터넷의 장점은 정보를 빨리 전달하고, 그때그때 상황에 맞게 대처할 수 있다는 점이야. 축구 경기가 연기되거나 연장될 때처럼 예상치 못한 변화가 생기면 인터넷에서는 굉장히 빠르게 대응할 수 있어. 반면에 오프라인에서는 그렇지 않아. 가령 인쇄되어 곳곳에 붙어 있는 포스터는 다시 제작해서 붙이려면 많은 시간이 걸릴 수밖에 없어. 그런데 소비자 입장에서는 종종 광고가 너무 많은 느낌이 들어. 팝업과 배너 광고가 수시로 뜨니까 말이야. 동영상을 보려면 그 전에 광고를 봐야 하고. 혹시 너희들 '유튜브 키즈' 보니?"
관리인 아줌마가 궁금하다는 표정으로 두 아이를 바라봤어.
빈센트가 고개를 끄덕이며 대답했지.
"네, 엄마 아빠가 미리 살펴보고 괜찮다고 하신 것만요."
"엄마 아빠가 그걸 어떻게 다 살펴봐? 그건 불가능해."
파울이 끼어들었어.
"전에 어떤 동영상을 보는데 슈팅 게임 광고가 떴어. 막 하고 싶더라고."
"우린 나이 제한 때문에 못 해."
"방법이 다 있지!"
파울이 히죽 웃으며 말했어.

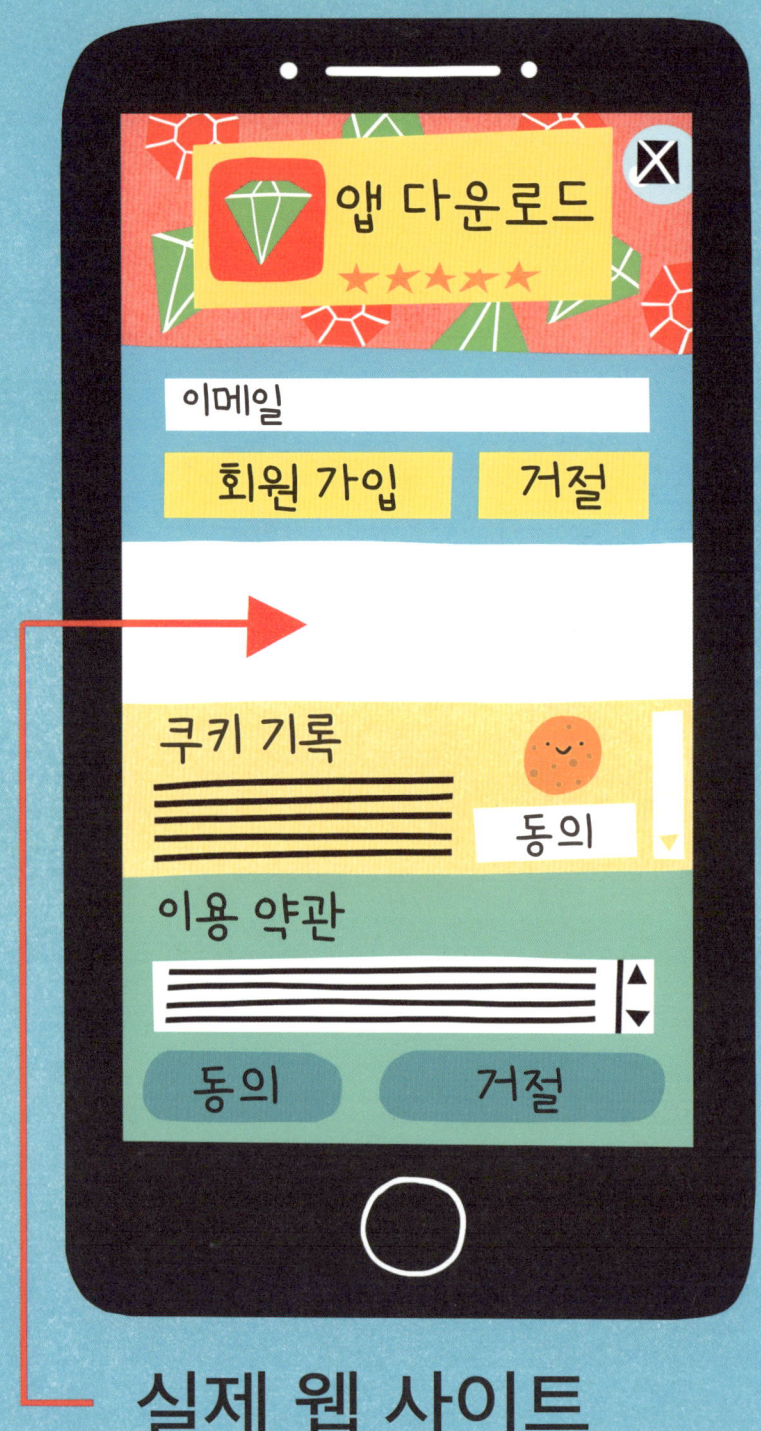

실제 웹 사이트

유튜브에서 사람들이 가장 많이 누르는 버튼은 '광고 건너뛰기'야. 하지만 그런 기능이 없는 채널도 많아. 그러면 보고 싶지 않은 광고를 몇 분씩 봐야 해.

"디지털 세계의 가장 큰 문제점은 우리가 곳곳에 흔적을 남긴다는 거야."
"흔적이요?" 빈센트가 물었어.
"우리가 올린 게시물과 사진, 채팅 내용뿐 아니라 검색한 것과 클릭한 것, 심지어 '좋아요'를 누른 것까지 모든 데이터가 인터넷에 흔적으로 남거든. 게다가 이 데이터는 저장되고 평가돼."
"왜요? 얻다 쓰려고요?"
"인터넷은 거대한 마케팅 기계야. 구글과 페이스북 같은 거대 아이티(IT) 기업이나 애플리케이션 업체는 서비스를 무료로 제공하면서도 엄청난 돈을 벌어들여. 뭐로 벌까? 바로 광고야. 마케팅으로 부자가 됐다는 말이야. 기업의 마케팅 담당자는 누가 무엇을 언제 어떤 방식으로 원하는지 최대한 정확하게, 최대한 많이 알고 싶어 해. 그런 정보가 있으면 상품을 원하는 고객에게 정확히 광고할 수 있거든. 아이티 기업들은 그런 마케팅을 위해 기꺼이 고객 정보를 제공해. 물론 많은 돈을 받고서."

"너희도 분명 검색한 동영상이나 상품 밑에 비슷한 동영상이나 상품이 주르르 표시되는 걸 봤을 거야. 그것도 마케팅이야. 아주 교묘한 마케팅! 너희가 인터넷에 남긴 데이터 흔적을 바탕으로 데이터 전문가들이 너희에 관한 알고리즘을 만들어. 이 알고리즘은 너희가 좋아하는 것을 번개처럼 파악해서 저장한 다음 그 비슷한 것을 더 많이 제공해. 이런 식으로 우리는 버블에 갇히게 되는 거야."
"버블이라고요?" 빈센트가 멈칫했어.
"그래, 버블. 필터 버블(Filter Bubble). 데이터 흔적으로 이용자의 성향을 파악한 다음 그 사람에게 맞는 정보를 편집해 제공하는 것을 필터 버블이라고 해. 네가 무언가를 클릭하면 비슷한 것만 계속 뜨는 게 그 때문이야."
"아하, 그래서 우리 집 컴퓨터에 바비 인형 광고가 계속 뜨나 봐요. 동생이 바비 인형을 엄청 좋아하거든요." 파울이 웃으며 말했어.
"맞아. 그러면 온 가족이 바비 인형 버블에 갇히게 되는 거야."
관리인 아줌마가 싱긋 웃었어.

"이 필터 버블의 바보 같은 점은 다른 모든 것들, 예를 들어 다른 생각이나 관심사와 접촉할 기회를 완전히 차단한다는 거야.
각자 자기 생각과 비슷한 것만 보고, 듣고, 읽기 때문에 자기만의 세계에 갇히게 되지.
게다가 남들도 모두 자기처럼 생각하고 있다고 믿게 돼. 똑같은 의견들만 보고 듣기 때문이지."
"하지만 우리가 원하는 걸 정확히 제공해 주면 편하잖아요. 그것도 공짜로요!"
파울이 반박하자 관리인 아줌마 입에서 한숨이 새어 나왔어.
"그게 바로 아이티 업체가 자주 하는 소리야. 문제는 우리의 개인 정보가 충분히 보호되고 있지 않다는 거지."
"우리를 염탐하고 있는 거죠? 그렇죠?" 빈센트가 콧살을 찡그렸어.
"맞아, 허락도 받지 않고. 그게 문제야. 불법과 합법 사이를 오가면서 우리의 정보를 빼내 가는 업체는 무척 많아.
그런 업체들은 최대한 조심해야 해. 개인 정보를 아무 데나 쉽게 제공해서는 안 돼. 그래야 우리 자신을 보호할 수 있어."
"인터넷으로부터 스스로를 보호하는 방법은 어디에서 배울 수 있어요?" 파울이 물었어.
"인터넷에서!"
아줌마의 대답에 세 사람은 웃음을 터뜨렸어.

개인 정보를 대규모로 평가해서
제삼자에게 넘기는 시스템과 조직을
'데이터 문어'라고 해. 문어발처럼 정보를
마구 빨아들인다고 해서 말이야.

빈센트가 어떻게 해야 할지 모르겠다는 얼굴로 아줌마를 바라봤어.

"우리 주변에서 이런 일이 벌어지고 있다니 정말 심각하네요. 우리 책임도 중요한 것 같고요."

"그래, 세상엔 수많은 속임수가 있어. 두 눈을 크게 뜨고 똑똑히 살펴봐야 해. 게다가 너희는 이제 어떤 속임수가 숨어 있는지 알고 있잖아! 그렇다고 마케팅을 나쁘게 생각할 필요는 없어. 마케팅과 광고는 그 자체로 무척 재미있는 분야거든."

"맞아요. 기발한 아이디어가 숨어 있는 재미난 광고도 많아요." 파울이 말했어.

"형편없고 짜증 나는 것도 많아." 빈센트가 한숨을 쉬었어.

"맞아, 학교 수업도 그렇지. 좋기도 하고 나쁘기도 하고." 아줌마가 피식 웃었어.

그때 교장 선생님이 허둥지둥 달려왔어.
"종소리 못 들었어? 어서 교실로 가. 쿠키 판매 행사에 관해 회의할 거야. 아이디어는 짜 뒀지?"
맞다, 쿠키 판매 행사! 파울과 빈센트는 서로 마주 봤어. 그 일을 까맣게 잊고 있었던 거야. 그때 학교 관리인 아줌마가 빈센트에게 찡긋 윙크를 날렸어. 그 뜻을 알아차린 빈센트가 파울의 옆구리를 쿡 찌르더니 활짝 웃으면서 말했지.
"네, 물론이죠. 우린 아이디어가 넘쳐요!"

잊지 마!

마케팅은 상품을 파는 게 아니라 아이디어와 소망, 가치를 파는 거야.
너희 반 친구들이 환경 보호에 관심을 가지면 좋겠다고? 그럼 녹색 마케팅을 해.
학교 신문을 만들고 싶다고? 그럼 신문의 중요성을 알리는 영리한 마케팅을 해.
플라스틱 쓰레기를 줄일 좋은 방법을 안다고? 그럼 사람들이 참여할 수 있는 마케팅을 펼쳐.
서커스단을 데리고 세계를 누비고 싶다고? 그럼 재미있는 마케팅을 해.
연애편지를 쓰고 싶다고? 하하… 그럼 열정적인 마케팅을 해.
좋은 마케팅은 세상을 움직일 수 있어.
네 멋진 꿈을 실현하는 건 다 네 손에 달려 있어.

◇ **추천사** ◇

여러분은 평소에 어떤 물건을 자주 쓰나요? 또 어떤 물건을 갖고 싶나요?
그리고 가장 최근에 산 물건은 뭔가요? 아마 친구들마다 다양한 대답이 나올 거예요.
우리는 다양한 회사에서 만든 물건을 사서 쓰고 있어요. 우리가 입고 있는 옷도,
친구들과 먹는 떡볶이도 다 돈을 주고 사지요.
그런데 이때 우리도 모르는 사이에 회사들이 숨겨 둔 '마케팅'에 영향을 받았다는 것을 알고 있나요?
우리는 마케팅 속에서 살아간다고 해도 틀린 말이 아니에요.
모든 회사는 자기네 물건을 더 많이 팔려고 다양한 마케팅 방법을 쓰고 있거든요.
기업은 이윤을 얻으려 하고, 이윤을 더 많이 얻기 위해서는 이 마케팅이란 녀석을 반드시 사용해야 해요.
우리 동네 마트에서도, 신발 가게에서도, 서점에서도 다양한 마케팅 방법이 쓰이고 있어요.
하지만 그동안 여러분은 내가 가는 곳마다 마케팅이 함께한다는 사실을 잘 모르고 지냈을 거예요.
마케팅이 우리 주변 어디에나 있고, 우리와 함께 살아가고 있다면 이 마케팅이란 녀석,
우리가 잘 알아야 하지 않을까요?
'아는 만큼 보인다'라는 말이 있습니다.
이 책은 여러분에게 마케팅이란 녀석을 재미있게 알려 주는 책이에요.
이 책으로 마케팅에 대해 하나씩 공부하다 보면 우리 주변에 숨어 있는 다양한 마케팅 방법들이
하나둘 눈에 들어오기 시작할 거예요. 그러면 소중한 돈을 합리적으로 사용할 줄 아는
현명한 소비자로 거듭날 수 있지요. 그리고 또 누가 아나요?
이 책을 읽고 있는 여러분이 몇 년 뒤에 기업의 마케팅 담당자가 되어
사람들에게 회사 상품을 매력적으로 보이게 만들고 있을지 말이죠.

_《세금 내는 아이들》 저자, 초등 교사 옥효진

글 캐리 슈타인만

스위스 프리부르대학교에서
마케팅 박사 학위를 받았고,
여러 회사에서 마케팅 전략가로 일했어.
취리히 응용과학대학교의 교수로 마케팅과
커뮤니케이션, 명품 마케팅을 가르치기도 했지.
지금은 몽트뢰에 살면서 프리랜서로 일하고 있어.

글 로라 시몽

언어를 사랑하는 역사가야.
10년 넘게 여러 출판사에서
기획 편집자로 일하고 있어.
이 책은 로라가 처음으로 쓴 책이야.

그림 엘리나 브라스리냐

라트비아 출신의 일러스트레이터야.
지금까지 스무 권이 넘는 어린이책과
청소년 소설에 그림을 그렸어.
애니메이션 영화의 미술 감독으로 일하면서
틈틈이 페미니즘에 관한 작품을 만들고 있어.

옮김 박종대

한국에서 독문학을 전공한 뒤
독일 쾰른에서 문학과 철학을 공부했어.
환경을 위해 어디까지 현실적인 욕망을 포기할 수 있는지,
어떻게 사는 게 진정 자신을 위하는 길인지
고민하는 제대로 된 이기주의자가 되고자 하지.
지금까지 《1도가 올라가면 어떻게 될까?》,
《스마트폰을 쓸 때도 물이 필요해!》, 《데미안》,
《수레바퀴 아래서》, 《청소년을 위한 환경 교과서》,
《미친 세상을 이해하는 척하는 방법》,
《바르톨로메는 개가 아니다》 들을 번역했어.

추천 옥효진

부산교육대학교 초등교육과를 졸업하고 2011년부터 부산에서
초등 교사로 근무하고 있어. 생활에 꼭 필요한 금융 지식을 학교에서
가르쳤으면 좋겠다는 생각으로 '학급화폐'를 활용한 금융교육을 시작했지.
이 활동으로 2019년 대한민국 경제교육대상 <대한상공회의소장상>,
2020년 대한민국 경제교육대상 <경제교육단체협의회 회장상>을
수상했어. 교실에서 이루어지는 학급화폐 활동을 소개하는
유튜브 채널 <세금 내는 아이들> 운영, tvN <유 퀴즈 온 더 블럭> 등의
방송 출연, EBS 원격교육연수원 <돈으로 움직이는 교실 이야기>
직무연수 강사 활동 등을 통해 금융교육 방법으로서
'학급화폐 활동'을 사람들에게 알리고 있어.